Les pointes dorées

Géraldine Collet
Marie-Rose Boisson

playBac

Tous les mercredis, trois amies suivent avec joie le cours de danse de madame Mazurka. La main sur la barre, elles ne rêvent que d'une chose : devenir danseuses étoiles !

– Je me demande quand nous apprendrons à danser avec des pointes… soupira Inès, songeuse.

– Moi aussi, répondit Léna, j'ai hâte d'en porter.

– Et si on allait en essayer à l'Opéra ? proposa Louise.

Les fillettes firent aussitôt virevolter leurs chaussons rose bonbon, exécutèrent une pirouette à l'envers et s'écrièrent :

Une, deux, trois… Pirouette et entrechat !

Chapitre 1

Une pointe de fatigue

C'est ainsi que les fillettes se retrouvèrent dans la grande salle du plus bel Opéra de Paris.

– Regardez ! s'exclama Louise. La salle est pleine d'élèves, des musiciens s'installent et des ballerines arrivent sur scène.

– Vous croyez qu'on va assister à un spectacle ? demanda Inès. Ou à une répétition ?

Les trois amies s'installèrent dans les fauteuils de velours et la répétition commença.

– Qui est cette merveilleuse danseuse ? demanda Louise. Vous avez vu comme elle tourbillonne sur ses pointes ?

– C'est fou, chuchota Inès, ça paraît facile comme tout…

– Elle s'appelle Irina Piksava, murmura leur voisine. Elle est venue de Russie pour trois représentations.

Au bout de deux heures de travail, la danseuse épuisée rata sa pirouette. Tout essoufflée, elle demanda au chorégraphe :

– Je suis désolée, monsieur Belcourbe, serait-il possible de faire une pause ?

Le chorégraphe accepta à contre-cœur et Irina Piksava sortit de scène. Les trois fillettes passèrent discrètement en coulisse dans l'espoir d'approcher la ballerine.

Chapitre 2
La collection de pointes

Irina Piksava avait enlevé ses pointes et massait ses pieds douloureux :

– La pauvre, murmura Inès, vous avez vu ses ampoules…

– Approchez, jeunes filles ! les interpella la danseuse. Voulez-vous bien aller dans ma loge et me rapporter d'autres pointes, s'il vous plaît ?

Les trois amies firent leur plus belle révérence et s'exécutèrent.

Quand elles pénétrèrent dans la loge d'Irina Piksava, les fillettes n'en crurent pas leurs yeux. Des paires de pointes rangées par couleur tapissaient le sol.

– Pincez-moi, fit Louise, c'est le paradis des pointes ici !

– Moi, mes préférées, dit Inès, ce sont les dorées... Vous croyez que je peux les essayer ?

Sans attendre la réponse de ses amies, Inès enleva ses chaussons rose bonbon.

Inès termina de lacer les pointes dorées et se releva avec difficulté. Léna s'exclama :

– Mais elles sont beaucoup trop grandes pour toi ! Tu risques de te tordre une cheville !

– Tu as raison, souffla Inès. De toute façon, je ressemble plus à un clown qu'à une danseuse étoile…

– Alors, quelles pointes apportons-nous à Irina Piksava ? rappela Louise.

Les trois fillettes n’arrivaient pas à se décider :

– Je ne sais pas, dit Inès en remettant ses chaussons roses. Il y en a tant !

– Et il y en a dans ce coffre… dit Louise qui venait de l’ouvrir.

– Encore des pointes ! s’écria Inès. Mais elles sont presque toutes déchirées…

Léna s'interrogea :

– Mais pourquoi Irina Piksava les garde-t-elle ?

– La réponse est écrite sous la semelle ! remarqua Inès.

– « Le lac des cygnes », « La belle au bois dormant », lut Louise. J'ai compris ! Elle conserve les pointes des ballets dans lesquels elle a dansé…

Les trois danseuses étaient plongées dans l'exploration de la collection de pointes quand un petit rat ouvrit soudain la porte de la loge :

– Irina vous attend ! Dépêchez-vous, la pause va bientôt se terminer !

Sans réfléchir, les fillettes surprises s'emparèrent d'une montagne de pointes.

Chapitre 3

Pointes ou demi-pointes ?

– Eh bien mesdemoiselles, je me demandais où vous étiez passées ! s'exclama la danseuse étoile.

– C'est que nous n'arrivions pas à choisir… expliqua Léna.

– Je comprends, reprit Irina Piksava. J'use tellement de pointes que j'en prends toujours plusieurs paires d'avance. Sans compter celles de ma collection que j'emporte partout !

Irina Piksava remercia les trois fillettes et enfila les pointes dorées. Juste avant qu'elle rejoigne la scène, Louise lui demanda :

– Mais comment faites-vous pour danser avec des ampoules aux pieds ?

– J'y suis habituée, répondit la ballerine. Un bout de sparadrap par-ci, un autre par-là… Un peu de coton, et voilà ! Croyez-moi, ce n'est pas un petit bobo qui va m'empêcher d'être sur la scène de l'Opéra !

Puis l'étoile leur fit une dernière recommandation :

– Chères danseuses, pour ne pas abîmer vos charmants petits pieds, ne soyez pas trop pressées de faire des pointes. Vos os et vos muscles sont encore trop fragiles pour les supporter. En attendant : travaillez !

Les trois danseuses remercièrent Irina Piksava, firent virevolter leurs chaussons rose bonbon et s'écrièrent :

Une, deux, trois… Pirouette et entrechat !

Et c'est ainsi que les trois fillettes retrouvèrent le cours de madame Mazurka.

– Finalement, je ne suis pas si pressée de faire des pointes, dit Léna.

– Et puis, on a encore beaucoup à apprendre… répondit Inès.

– Commençons par les demi-pointes, rit Louise. Pour ça, on a déjà nos chaussons !

Un, deux, trois… Jeux !

De quel pays vient Irina Piksava ?

1. De Belgique.
2. De Russie.
3. D'Italie.

Vrai ou faux ?

Si Inès porte des pointes trop grandes, elle risque de se tordre la cheville.

Pourquoi Irina Piksava conserve-t-elle des pointes dans un coffre ?

1. Elle les conserve pour les porter à nouveau.
2. Elle n'aime pas jeter ses affaires.
3. Elle les garde en souvenir de ses ballets.

Réponses : 2 ; vrai ; 3.

Parmi ces trois diadèmes, lequel est celui d'Irina Piksava ?

Réponse : 2.

Trouve la pointe qui ne forme pas de paire.

Réponse : la pointe rose foncé.

Découvre dans la même série :

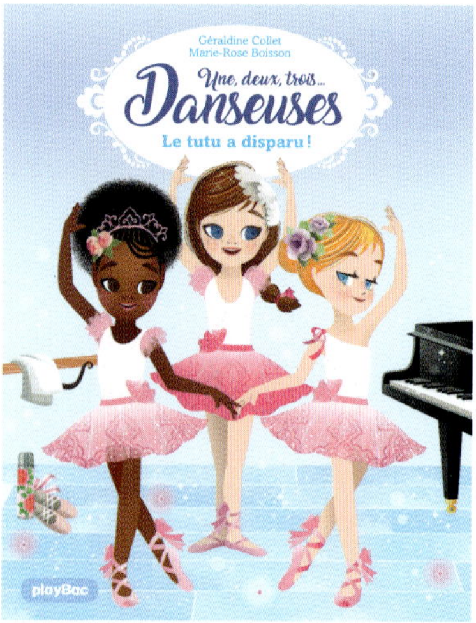

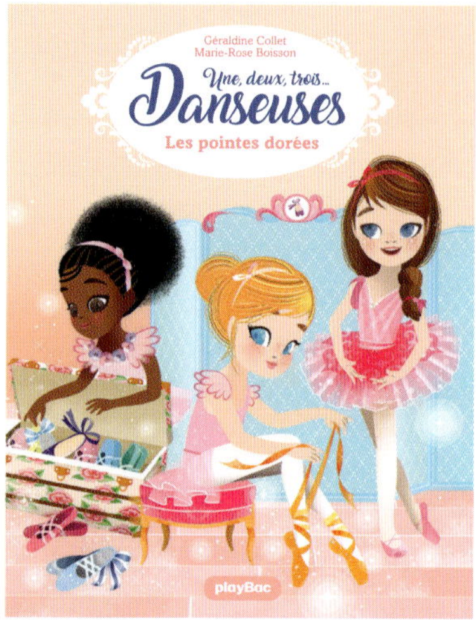